杜老师的黄金守则（下）

詹文明 著

人民东方出版传媒
東方出版社

图书在版编目（CIP）数据

杜老师的黄金守则. 下/詹文明 著. —北京：东方出版社，2013. 9

ISBN 978-7-5060-6866-6

Ⅰ. ①杜… Ⅱ. ①詹… Ⅲ. ①管理学-通俗读物 Ⅳ. ①C93-49

中国版本图书馆 CIP 数据核字（2013）第 226836 号

杜老师的黄金守则（下）（DULAOSHI DE HUANGJIN SHOUZE）

作　　者：詹文明
责任编辑：崔雁行　乔　俏
出　　版：东方出版社
发　　行：人民东方出版传媒有限公司
地　　址：北京市东城区朝阳门内大街 166 号
邮政编码：100706
印　　刷：北京京都六环印刷厂
版　　次：2014 年 1 月第 1 版
印　　次：2014 年 1 月第 1 次印刷
印　　数：1—5 000 册
开　　本：787 毫米×1194 毫米　1/32
印　　张：7
字　　数：139 千字
书　　号：ISBN 978-7-5060-6866-6
定　　价：36. 00 元
发行电话：（010）65210056　65210060　65210062　65210063

导读

自序

“不经逻辑试炼过的经验不是严谨的修辞，只是漫谈；而没有经过经验试验的逻辑，不能算是逻辑，而是荒谬。”

理论派和实务派多年来的对立问题，其实争议起来毫无意义，因为两者都有其必要性。理论派创造知识和概念，而实务派则加以实践，予以有效应用，让知识转化为生产力：理论派注重文字和理念，而实务派则重视人、工作和绩效。

时至今日，首先，以知识为基础的组织，所面对的不只是专业化、细分化的程度日增。其次，知识已转换为多方化的知识，难度倍增。更甚者，外界的动态性巨变和快速大量的讯息，充斥着每个人的负荷与解读，形成片断、过早解读、不当的判断，导致见解分歧、意见、冲突，加上先有立场，再来找理由，最终造成决策品质逐渐下滑，昨日是、今日非的窘境（不过，有时的确如此）。

正因为如此，企业在制定公司政策、设定目标、拟定策略以及用才的重大决策时，势必采取“若有异议，就不作决策”，一致鼓掌通过，最终换来的只是慢慢地懊悔不已！尤其在创造利润或是创造顾客的议题价值取向上更是莫衷一是，殊不知唯有正确地面对客户的需求与对不满足进行解决才是正途。因为利润是结果，而非原因，真正的原因乃是公司为客户做对做好的一堆事情所获得的必然结果。

如何使一群平凡人做出不平凡的事来？首先，必须用人之长，要问他能做什么，不该问他不能做什么；其次，公司要能以共同的价值观（指公司使命宣言）建构一个优质的环境，以利建立高绩效的团队，甚至是优质的企业文化。如此，公司才能人才辈出、争相贡献、追求卓越工、承担责任。

詹文明

2013 年于台北

贡献的目的在于成果，而非仅止于想法

大多数能想方设法者都是聪明人，能活用原则与原理的极少数人才是智慧者。

聪明者和智者的所作所为，彰显力，可能达到的结果往往是
无法相比的，为什么会是如此呢？
就像玻璃珠之于珍珠、水晶之于黄金般的反差。
当然，坚守珍珠与黄金般的品质乃是重中之重、
贵中之贵，这是我们身为人类必修的功课。

963 数字化科技集团
963 数字化科技集团，号称实力雄厚，产品行销全球。
杜老师：
开明而务实，保守又创新，世界级 CEO 咨询顾问，充满智慧的经营管理权威。
了了：
了尾的唯一下属，身高两米零八，人高马大，身怀绝技。获得美国西北大学消费者行为学博士学位。
了尾：
了然的下属，取得美国哈佛大学 MBA 学位。但与了然难以沟通，关系一直紧张。
了然：
“963 数字化科技集团”亚洲区总裁。素有“推销高手”的美誉，业务的实战经验十分丰富。但是与下属员工关系十分紧张。

老师，黄金守则
果然不同凡响！
黄金守则
做对事是重中之重，
做对事的能力则是
贵中之贵。
成为一个对的人
远比做对事来得
更重要。
你们说的是。

能对顾客作出贡
献才是做对事的
具体呈现。
贡献要能从自
我贡献做起。
“贡献”既要
有效能，也要
有效率。

唯有专心一致才能成就大事

贡献的目的在于成果，
而非仅止于想法。
时间管理乃是在于检视自己的行为成效。
自我管理才是管理
时间的本质。
时间若不能与永恒联结，管理时间又有何用呢？

孺子可教也。
老师，黄金守则四又是什么？
你现在最应该做的
一件事是什么？

您的意思是指
“当下”吗？
也是，也不是！

不理解！

是，就是当下。
也不是，即
是一辈子。
这个……
如何解释？

就宇宙的观点而言，
“现在”便是永恒
的刹那。
我明白了。

一个人不管活得有多长，
其实也只是“短暂”罢了。
所以，在短暂中仅仅只能做一件事罢了。
你说的是。

怎么可能一辈子
只做一件事呢?
我已做了不
少事了。
所谓的“一件事”
究竟是指什么?

对呀，我
是不懂呀！
以我为例。
我很想知道！
就是“别人因我，生命变得很不一样”
这件事。

比如选择成为富有或
有影响力的人之不同。
做一位有影响力的人跟富
不富没有太大的关联。

我懂。
但是富有的人
其影响力可能
更大呀！

金钱并不代表全部。
像马丁·路德·金、德瑞莎修女、甘地等等。
思想是巨大的，愿景是动态的。

我对人类想要有伟大的贡献，但是我无法聚焦啊？
“专注力”并不是与生俱来的。
您是说它是后天培养的吗？

专注力不是概念，而是一种能耐。
何谓专注力？

一个人所能专
注的极限。
多长的时间呢?
一般来说，
十五分钟。

难怪一些短剧都是
以十五分钟为限。
教学录像带也是。
节目的设计
也是如此。

但通过后天的培养
可以延长时间，
甚至超越极限。
人们因为杂事缠
身、工作忙碌，
往往难以专注。
如何专注？
专注有何秘诀
可寻吗？

人一旦忙碌就无法有所作为。
为什么?
因为唯有专心致志
才能成就大事。

专注的唯一秘诀就在于“核心价值观”

难怪我工作多年
毫无进展。
没有聚焦的行动，
往往得不到进展。
每事浅尝即止，
每问急于回答。

赢得信任要历时数载，
但丧失信任就在转瞬间。
专注有
法子吗？
唯一秘诀就在于
“核心价值观”。

原因何在?
专注必根基于核心价值观。
我明白了，唯有核心价值观才能持久。
什么是核心价值观呢?

对我而言，成为世界首富毫无意义。
好一个答非所问！（开玩笑的啦！）
倒是妙答呀！
绝佳反证法，值得效法。

我的核心价值是
“人和社会”。
难怪您能一辈子
专注于此。
可是怎么发掘
自己的核心
价值呢?

自问自答，
自疑自判。
悬高镜明
自问自己
要什么，
重视什么？
自问自己不要
什么，不重视
什么？
再不停地自
我质疑、自
我批判吗？

棒极了，就是如此。
影响力或富有只能
择其一。
可是只有富有才
能有影响力啊！
是呀，像比尔·盖茨、
巴菲特等人。

是的，可是他们能
影响多久、多大呢？
的确，还不如爱
迪生、爱因斯坦、
林肯、甘地等。

只有像他们一样一心一意地
追求，才能真正有所成就。
不好意思，我的生活虽多彩多姿，却白白浪费了青春。
我呢？兴趣太多，诱惑不断，心又有旁骛。
可是，我却因为太专注而陷入盲点。

专注不是钻入。
我无法明白。
“专注”必须客观与超然，不是一头钻入。

如何专注于自己的核心价值观呢？
要有所贡献，就得在使命感的驱使之下。
老师，你的使命感是什么？

如加尔文说：“把我的工作当作天堂，这就是我的使命。”
哦，能从一而终就能进入天堂了。

爱因斯坦也说：“与其做一个成功的人，吾宁当个有价值的人。”
由此可见，核心价值观是何等重要。

这是你们现在
最应该做的一
件事呀！
喔，我终
于明白了。
厘清再厘清是
一生中的伟大
功课，但……
核心价值观是使命的
源头，少了它，什么
也不是。

帮助自己，往往比帮助
别人困难多了。
我好像被留在
糖果店的小男
孩一样。
不管能做的、不能
做的，都照做不误。
不论该做或不
该做的，都照
单全收。

最终不是累倒自己，便
是只会责备他人无能。

老师，您好神喔！

你在恭维。
能否举例呢?

没有真诚的无知，便不可能有真智慧

我的启蒙老师是一只鸟。
真是奇特呀！
好想知道啊！
真是大自然
的奇妙。

它名叫“荆棘鸟”，
据说产于南美洲。
这只鸟能说相声吗？

它一生下来，
便不停地寻
找荆棘树。
寻找荆棘树是它
一辈子的工作。
所以，它才叫做
“荆棘鸟”。

是它的使命感吗？
这不是它的真正目的。
它还要做些
什么事呢？

它一旦找着了，
就把自己娇小
的身躯与火焰
般的羽毛……
该不会做傻事吧！
扎入一株最长、
最尖的荆棘上……
好勇敢哟。

它和着血和泪放声高唱，那凄美的歌声，让世间的所有声音相形失色。

仅唱一首曲子吗?
一生只唱一首。
确实令人动容。

一曲终了，荆棘鸟气竭音消，以身殉歌。
真是专注、专注、再专注，令我鼻酸！
我真的不如荆棘鸟，惭愧极了。

世界真奇妙，
无奇不有。
它似乎在歌颂
造物主的伟大，
荣耀它的名。

需要一份勇气。

也许是一份责任。

看来是一种使命感。

应该是一趟信心之旅。
那么我们人类
又学到什么呢？
没有愿景，人
类终将灭亡。

意即将核心的
价值观转化为
自己的愿景。
把愿景建立在
自己的使命感
之中。
最终活出如
荆棘鸟般的
灿烂生命。
孺子可教也。

荆棘鸟是对的鸟，人也要成为对的人。
你说的是。
我自认为自己达不到荆棘鸟的伟大情操。

神箭手不是弓箭好，只是瞄得准。
老师，我明白了，
我想得太多了。

少即是多，但多便是少。
一时领悟不来，
给我一些时间吧！

没有真诚的无知，便
不可能有真智慧。
说得好。
假知确实比无
知来得恐怖。

很有价值的体悟。
先建优质环境，才会有优秀人才加入，最后才能造就一流的交响乐团。

除此之外，还需要
总谱和指挥家。

专注力真
需要勇气。
敢于决定真正
该做与不该做
的项目，而不
受限制。

勇于决定一件事是先做或后做，而不受干扰。
成为时间和情势的主宰者，而非被其宰制者。
时刻要自问、提醒自己：该做的一件事是什么？

所谓的一件事即
对顾客作出高附
加价值的贡献。
对我而言：一件事是
培育高素质、高能力、
高意愿的人才。

创造顾客是经营公司唯一正确而有效的定义

做对事，成为对的人，人人如此。
老师，黄金守则五是什么？

创造顾客，而
不是创造利润。
开公司就是为了
要赚钱啊！
创造利润本是
天经地义的呀！

不赚钱的公司是
罪过，不是吗?
经营公司唯一正确而有效
的定义，就是创造顾客。
为何是唯一呢?

因为没有顾客的订单，
哪来的所谓业绩呢？
哦，原来如此。
公司内只有成本与
努力，根本没有利
润这回事啊。

你说的是。
那么利润
中心呢?

公司里面根本就
没有利润中心。

唯一的利润中心
便是顾客吗?
确实如此。
又为何要创造
顾客呢?

因为今天的客户，
不一定是明天的
顾客，所以……
所以必须要不断
地创造顾客才行。

利润是检验绩效的唯一标准

怎么做才能
创造顾客呢？
必须仰赖两大利器，
才能办到。
哪两项呢？

行销
创新
行销与创新。
若做不到行销和创新怎么办呢？
不是关门大吉，便是外包出去喽。

所以，只要做对
做好行销与创新
就有利润了吗？
利润只是一堆做对做好的必然结果。
所以，利润不是原因，而是结果。

利润乃是检验绩效结果的唯一标准。
为什么利润是未来的成本呢？
利润是股东回收的来源，不是吗？

利润是未来不确定性
风险的保险费呀！
为此，不能装
入股东的口袋。
有了利润，才
能承担未来可
能的风险。

企业经营亏损是对不起社会的。
为什么呢？
是啊，是在亏自己的钱呀！
没道理，亏了就跑路了。

社会将财富资源托付给
企业经营，理当负责。

从社会责任的角度
来说，企业要善尽
社会责任。

你说的是。
我明白了，经营公司不是单一的个人行为。
关键在于如何有效地善用资源才对。

利润并非企业责任的全部，
却是企业的首要责任。
行销与创新乃是满
足顾客的两项功能。
行销
创新

你说的是。
行销指的是什么？
一是专注，二是市场地位等策略思维和做法。

何谓专注
策略呢?
对组织而言：即
专注知识员工能
做的是什么。
对外界来说：便是
专注于自己的优势，
创造顾客。

发挥自己的
核心能力。
亦即专注于内外
在资源的综效。

市场地位策略即定位的思维。
地位与定位有何区别呢？
“地位”意指在某一个领域内某个区隔的排行榜位置。

例如电子书阅读器在儿童教科书中的领导地位。
而定位则指在幼儿园的清晰、具体的顾客群。
所以，我们过往说公司要成为电子书阅读器的市场领导者是错的。

你说的是。
定位在细分的市场里，才有可能成为真正的领导者。
棒呆了。

唯有不断地自我抛弃，才能满足变迁的顾客

在行销里要能专注于细分市场中最为有利的位置。
孺子可教也。
那么创新又如何理解？

至少要有四项
创新的管理。
第一个创新？
要有系统化的自我抛弃。

有违理性啊!
即从个人、部门到组织的“自废武功”。
为何要“自废武功”呢?

唯有不断地自我抛弃，才能满足变迁的顾客。
其次？
产品或服务的创新。

像苹果公司一般
的神奇作为。
第三项为社会
创新。
何谓社会创新?

像管理学乃是二十世纪最伟大的社会创新。
杜老师目标管理
是否指市场、消费者行为和价值的创新?
你说的是。

最后呢?
管理创新。
例如知识员工的
自我管理，尤其
是生产力的创新。

这是二十一世纪
人类最伟大的功
课之一。
老师，还有其他
要注意的吗？
技术决定成败，
管理决定盈亏，
教育决定永续。

老师，时候不早了，我们一起用餐。

谢谢你们的热情款待。

不要被表面现象蒙蔽了双眼

老师，我看您
爱吃香蕉呢！
香蕉能够增
加白血球。

白血球不是能
提升免疫系统
的功能吗?
你说的是。
还有什么
好处呢?
还会产生攻击
异常细胞的物
质——TNF。

我还发现您总喜爱有黑色斑点的香蕉呢！
你真是观察入微！
比较香甜可口吗？

吃黑斑点的香蕉要比青绿皮增加的白血球多8倍。
哇塞！等于多吃了8根香蕉了。
你要这么说也行。

还有哪些我们不知道的呢？
诸如多四倍蛋白质，两倍碳水化合物，三倍磷质……
蛋白质
蛋白质
蛋白质
蛋白质
碳水化合物
碳水化合物
磷质
磷质
磷质
好惊奇呀！

多五倍维生素 A 与铁质，多两倍其他维生素和矿物质。
真令人大开眼界了。
谚语说：一日一根蕉，医生无缘交。
好词、妙喻、传神。

台湾地区香蕉一级棒，
吃了肯定会再要。
老师，先休
息，下午见。
回头见！

没有反对意见就不做决策

老师！下午好！
下午好！
老师，黄金守则六是什么？
没有反对意见就不做决策。

怎么会这样?
这是违反
人性的呀!
要知道谁反对,
谁就倒大霉。

反对意见并不代表挑战
权威，有意找茬。
反对
反对
反对
反对
虽是如此，但绝大
多数上司偏听却不
易兼听呀！

决策的重点，乃在于定义问题。
为何不是寻找正确答案，而是定义问题？
医生不会切下没有问题的盲肠，只为示范给学生看。
当然不会啊！

为此，未经诊断的病患，
医生如何为其开处方呢？
对极了，这么简
单的问题，我怎
么没想过呢！
至于可能的问题的答案，
自然在定义之后出现。

因此，定义才是
决策的根本。
你说的是。
所以，定义问题
为什么要从反对
意见开始？
为了让大伙儿理解问题
的本质，而不是表象。

难怪我们出了这么
多的问题和灾难。

定义问题首先得先问
对的问题是什么?

唯有正确的问题才有可能
有正确的答案。
很有概念！
所以，定义问题
是要质疑而非怀
疑吗？
质疑是对事，而怀疑指的是人。

我懂了，成见
与偏见易于误
导自己。
唯有完全开放
的胸襟，才能
接纳异议。
修炼于内，
发挥于外。
孺子可教也。

反对
反对
反对
反对
反对
异议不是为
反对而反对。
反对意见为的
是能找出真相。
所以，我们要先
寻求事实真相。
错，我们应该先
听听意见才是。

事实才是真相吧！
不找真相又如何破案呢？
各说各话，莫衷一是怎么办？

首先，要找出的事实
必是已成历史了。

不是事实，那要
找非事实吗？

找事实，往往
是先有立场，
再找理由。
全球总部目
标的设定即
是明证。
所以我们才是真
正的受害者。

人总是爱找理由
的高等动物。
先有见解，再来求证。
问题是公说公
有理怎么办?

“见解”都是有待证实的假设。

我明白了，未经事实验证，根本就是揣测。
只有经得起事实检验的假设，才符合真相。

如何检验呢？
首先要确定相关的判断标准。
例如什么？

所谓决策的
边界条件。
何谓边界条件？
要解决问题的边
界范围是什么？
能否说清楚，
讲明白呢？

要从更基本的、更长远的角度、更广泛的以及更高层次地看待同一个问题。
帅呆了，我从来未曾如此想过。
如此，就无须决策之后再决策了。
真是高瞻远瞩、胸怀世界啊！

再定义解决
问题的边界
条件。
怎么做?
自问自答、自疑
自判三问法。

一问？
决策的目的是什么？要解决什么样的问题呢？
二问呢？

至少要达成什么样的目标？宜具体描述之。
三问呢？
究竟要满足什么样的条件？尤其是内外在条件。

问到什么程度?
边界条件要订定得愈清晰、
愈精细，才愈为有效。
这是所谓的
判断标准吗?

也是适当的衡量尺度，这
才是有效决策的关键。
见解各异、立场不一，加上利害纠葛又如何对待？
这是容易引起争论与争议的地方。
此时往往最终还是一个人说了算。

正确的决策是经由不同见解的冲突而产生

正确的决策，乃是经由许多
不同见解的冲突而产生。
冲突带来不和谐，甚
至于派系斗争呢！

这是验证见解与事实
之间差距的唯一方法。
可能会导致无
法共识的局面。
甚至于分崩离
析，不可收拾。
奉命行事与心智封闭有何分别？

假的和谐既无法产生共识，也伤害了生产力。
具有洞见力。
难怪经由全数鼓掌通过的案子，总是不如预期。
你说的是。

反而激烈交锋与意义
表达才是达成共识的
首要工具。
我们之间的对话，
不就是共识的有
效建立吗？
的确是这样。
透过不同观点的对话
与不同判断下的抉择，
决策品质才会良好。

这是有效决策
的第一规则。
除非有反对意见，否则不要轻易做决策。
反对
认清现实，且以
现实状况验证见
解才是上策。
鼓励异议、发表不
同的意见，最终塑
造文化。

这是组织之所以存在的目的。
能发挥人的见解和长才，并做出贡献。
何况异议还有它存在的三个理由。
第一个是什么？

异议能保护决策者免于被组织所困，形同囚犯。
哦，我明白了，一项正确的决策，往往是不讨喜的。
组织总是由不同特殊利益的个人或部门所组成。
经由台面化的异议，最终可以化解误会和内斗。

其次，不同见解可
以提供决策所需的
替代可行方案。
不论事前如何慎重
地考量与计划，决
策总是很可能出错。
有了替代可行的
方案，至少还有
备案可寻。
一个方案，往往
易于走入死胡同，
无法自救。

最后，不同见解乃是刺激想象力的必要条件。
我们都需要有创造力的解答，才能创造出新情势。
决策者需要富有想象力和开放的心胸才能胜任。

每个知识员工都要
以新的、不同的方
法去观察人和事物。
每个人要有大量的思考、深度
的思考以及尽力的思考。
尤其是不一
样的思考。

两个人的思考如果是一样的，其中一人就是多余的。
真的异议可以刺激大脑，激发出无穷的想象力。
异议把可能犯错的决策变为正确的决策。
将正确的决策变成卓有成效的决策。

决心往往比天分重要

那谁来执行呢?
谁来拍板
定案呢?
问得好，当然
是领导者。

因为他必须承担最终的结果。
若他不敢作决定怎么办呢？
董事会必须召开剔除不适任的领导者的会议。

江
江
江
关
关
关
阵前换将，不
是兵家大忌吗？
是，也不是。
是？

牵一发而动全身，
恐伤及公司。
不是？
犹豫不决，才
是致命伤。

真是左右为难。
这是不负责任的行为。
快刀斩乱麻，至少能釜底抽薪，未为晚矣。
谁来执行？当然是有关人员啊！

自问：谁必须
知道该项决策？
意即谁该
挑起责任。
需要采取
什么行动？
需要何种支
援和配合？

谁有能力和意愿
完成这项决策？
不是仅有行动，而且要有所进展。
行动务必适当传达执
行决策的人。

若遇上阻力
或反弹呢?
决策需要勇气犹如
决策需要判断力。
良药苦口利于病,
忠言逆耳利于行。

决心往往比天分来得重要。
有时也需要
妥协吗?

半片面包总比没有面包好。

这是正确的妥协。
只要不违反边界条件，虽不满意，但也可以接受。

面包虽只是半片，
但仍可充饥。
但半个婴儿比没有婴儿更糟。
医院
错误的妥协，往
往比现实更糟。

半块尸体只会令人作呕。
妥协不是艺术，而是胆识与智慧。
绝大部分的决策，都很难贯彻始终。
那怎么办？

所以，我们要学会建立反馈机制，检视执行是否彻底。
亲自督导是否是不信任下属呢？

他们不是不信任部属。
那么是不信任谁?
是他们从经验中学习到，不信任“沟通”这回事。

原来决策并不是一种机械性的工作。
决策并非只是纯粹斗智的游戏。
决策更不是在寻找正确的答案。
决策必须冒险，挑战我们的判断力。

正如丰田人要自问五次“为什么”？
苹果电脑要不断地创新、再创新。
科学家要质疑现况，挑战事实。
为此，必先重视“决策过程”，而非仅是成果而已。

要重视见解，而
非事实和数据。
见解
是着眼于机会的开发，而非问题的消失。
不是要降低风险，而是要
能承担正当的风险。

唯有一群平凡人完成不平凡的事才是好的组织

尤其最为重要的是："没有
反对意见就不做决策。"
黄金守则七又
是什么？

组织不能只依
赖天才来运作。
所有的问题，
必定是人出
了问题。

天才也是人啊！
也会犯错呀！
纵然是天才，
也不一定能
成就大事啊！
更何况强人会
产生后遗症。

因为少了他，组织就会遭殃。
且天才少得可怜，不具普遍性。
组织绝不能设计成只有上帝才能胜任的工作。
组织唯有使得一群平凡人完成不平凡的事才是好的组织。

为什么常听人说“少不了某人”呢？
千万不可让一个员工的业绩超过三分之一的业务量。
不要在金鱼缸里养一只鳄鱼，否则后果不堪设想。

所谓“少不了某人”，
其原因有三。
第一是什么？
该员工其实不行，
只不过主管没对
他苛求而已。

是否因苛求之后，
才能发现其根本
不行？
你说的是。
我们常把优秀
人才误以为是
天纵英才。

其次，则是暴露出管理者本人的能力太逊。
为什么呢？
误用了该员工的某一才干，来勉强支撑管理者的生存。

尤其是短暂
现象吗？

将某一绩效表现
视为永久的绩效。

第三呢?
误用他的才华，反而掩盖住潜存的某项严重问题。

请举例。
他拿到一家大客户的大订单，暂时解决了公司的重大危机。
解决之道又是什么？

少不了他，不是主管
不行，就是那位不行，
有时则是两人都不行。
所以，要尽快
找出答案来。
其解决之道就在于
“自己”。

我曾有过“公司少不了我”的自大感。
我甚至自以为是公司的救世主。
总觉得公司需要自己，远比自己需要公司来得多。
戴高乐曾说：“在坟墓里躺着的都是少不了我的人。”

贡献愈多，
愈要谦卑。
自大是自
卑的反射。
年岁渐长，
日渐内敛。
修炼乃是终生的重大
功课，谁也不能例外。

做不平凡的事需要的两个条件

要使一群平凡人做
出不平凡的事要具
备什么条件？
要具备两项前提。
第一项？

企业的精神。
企业的精神
这是什么意思呢？
懂得如何招揽比自己更优秀的人来为公司服务。

如何才能办到呢?
只有建立优质的企业环境
与良好的企业文化。

才能留得住人才，发挥人才的生产力。
人才
也只有对的人才，才能让平凡的人做出不平凡的事。
第二项？

真正重要的是要问他能做什么。
而不是不能做什么。
因为不能做什么，只是他的“限制”罢了。

“限制就是限制”，只要设法不让它发生影响即可。
发挥人的长才，才是企业的真正目的。
管理的原则在于用人之所长。

因为缺点几
乎是不能改
变的现实。
人的长处，才
是真正的机会。
误用人的短处，
会有何后果呢?

不是令人丧失
自信心，便是
虐待他人。
可是有所谓潜
能激发的论调。
这违反人性，是
不明智之举。

看来，只有找对人、做对事，
才有可能产生对的结果。

林肯重用了格兰特
将军才扭转了战局。

当然林肯不是不
清楚格兰特酗酒
可能误事、误国。
但最终他仍能运筹
帷幄，决胜千里。
用对一个人，正
是南北战争胜负
的转折点。

这意味着什么？
领导的重心不在于领导者本身。
而在于什么？

而是要如何建立他人的自信心。
真是具有洞察力。
所以，企业的精神乃在于人，要以人为重心。

故企业的精神在于“共同的价值观”。
哦，我明白了，共同价值观乃是检验人才的唯一机制。
共同价值观来自何处呢？

使
命
宣
言
使命宣言。
我不解！
公司将使命宣言转化为精确的目标。

我懂了，精确的
目标即是共同的
遵守原则。
有如交响乐团的总
谱，这样才能专注
地完成一件事。
就像研究与发展
之精准技术和产
品取向。

管理者的五大工作

唯有如此，企业才能
设定目标，发展策略，
集中资源，有所行动。
怎么做呢?
首先要界定管理
者的五大工作。

第一项工作？
设定目标，不是唯一的目标，而是八个关键领域的目标。
哪八个呢？

行销、创新、人力资源、财务资源、实体设备、生产力、社会责任及利润需要。
社会责任
生产力
财务资源
行销
实体设备
创新
人力资源
利润需要
如何设定目标呢?
请参阅拙著《德鲁克黄金守则（上）》（东方出版社）。
德鲁克黄金守则（上）
东方出版社

第二项?
组织分派。
通过他人来完成八个领域的目标任务吗?

经由分析达成目标所需
的活动、决策及关系。
只有找对人，摆对
位置，做对的事，
才会有绩效贡献。
但别忘了，还有
结构追随策略，
策略来自愿景。

第三项?
激励与沟通。
激
励
与
沟
通
这是最耗时、最
高难度的工作。

根本不是。
可是事实
就是如此。

员工的激励来自
于“工作本身”。

应该是薪酬和
奖赏才对啊！
这易于误导自
己和员工。
我不但被误导，
更被打击了。

为什么会这样呢？
原本是工作能带给我无穷的乐趣与成就，但……
但如今呢？
如今工作士气被打击，工作乐趣被剥夺。

只有获得享受工作本身之
余的奖赏才会有意义。

第四项工作?
绩效评鉴
绩效评鉴。
其最终目
的为何?

在于挖掘不同的人才
以及建立企业的精神。
真是棒呆了。

第五：人力发展。
要永续经营必须培育人才，形成良性循环。
而不是一代不如一代，人才匮乏。
尤其不愿意培育接班人，会终成公司的罪人。

如何检视自我

二十一世纪知识员工是自己职业生涯中的首席执行官。
怎么说呢？

要能自我检视过
去的职务与现在
所期望的贡献。
如何做呢?
自问自答、
自疑自判。

一问是？
我对哪些工作已
有好的绩效表现？
二问呢？

我还有什么工作
可能有好的表现？
如此，可以挖掘
自己的长才以及
培养第二专长。
三问是：为了充分发
挥长才，应该再学些
什么？再取得什么资
格或什么学历？
四问又
是什么？

如果我有子女，他们愿在自己的指导下工作吗？
如果愿意，是为什么？
如果不愿意，又为什么？
孺子可教也。

找对自己的长才，成为对的人，实在太重要了。

这是知识员工黄金七守则的共同课题。

做对事又要把事做对，既要高效能，还要高效率。
要对顾客有高附加价值的贡献。
只有在管理好自己之后，时间的有效分配才具有价值。

永远记住：现在我最应该做的一件事是什么？
不是自己喜欢做的，而是企业需要做的一件事。
很有价值的领悟。

不是创造利润，而
是应该不断地创造
顾客，满足顾客。
没有异议绝不
做任何决策。
唯有一群平凡人
才能做出不平凡
的事业来。
牢记七守则，
黄金滚滚来。

《杜老师的黄金守则（下）》是伟大的七守则，做对做好做强做大之后，黄金自然唾手可得。
习得杜老师的智慧是不分男女、年龄、教育程度、区域、种族的，只要愿意实务操练，就可以在极短时间内进展神速。老师，您让我们生命变得很不一样，再见！